IM TOTEN WINKEL

Gedichte

Steffen Vahnenbruck

Impressum

Coverdesign, Layout: Matias Becker
Illustrationen: Laura Todeasa

Steffen Vahnenbruck
c/o Grosch Postflex #1571
Emsdettener Str. 10
48268 Greven

Steffen Vahnenbruck

(*1988 in Dinslaken) studierte Anglistik und Amerikanistik, Philosophie und English-Speaking Cultures in Würzburg. Der vorliegende Gedichtband ist seine erste eigenständige Veröffentlichung.

Für Laura

„Im Allgemeinen werden dünne
Fäden und Nadeln zum Nähen
von leichten Stoffen verwendet
und dickere Fäden und Nadeln
zum Nähen von schweren Stoffen."

Nähmaschine W6N 1800, Betriebsanleitung

IM TOTEN WINKEL

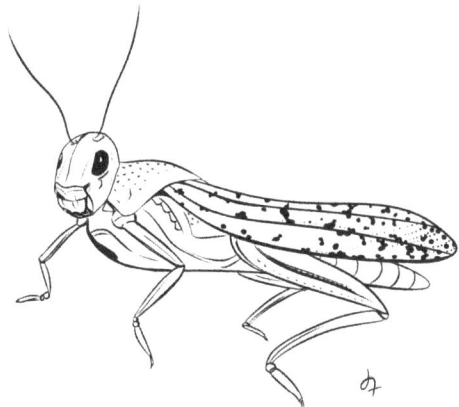

Spiegel

Im toten Winkel
um die Sonne
kreist die Schattenerde.

Kann ich mich sehen
oder brauch ich
mehr Spiegel?

Abweg

Beim Abbruch des Musters,
dort erschraken wir uns,
ich und die Heuschrecke.

Später traf ich sie wieder,
sie sonnte sich am selben Bachlauf.
Feine Stunden,
fern von schummrigen Faltenwürfen
und versunkenen Schubladen.

Im Innenbereich des Bettes, nachts,
träumte ich von langen Fühlern
und unmöglichen Verbindungen.
Im Lattenrost verteilte sich die Schwere,
Verschlungenheit lag hinter meinen Zehen,
ein Abweg, ein rasend dichter werdendes Gebüsch.

Reklamation

Reklamierend liegt der Körper
auf der Erde. Die Erde
will den Körper
nicht zurück.
Ameisen schreien
auf Bergen des Wahnsinns.
Die Erde will den Körper nicht zurück.

Ohne dich

Aus dem Setzkasten fallen die Sterne
zurück in die Ordnung.
Der Weg zu ihnen ohne das Nichts
ist nur ein Klumpen Weltraumstaub.

Ich will dich suchen
beim Hauch an der Scheibe,
beim warmen Kadaver im Wald.
Ohne dich

schwillt mein Kopf vor Platzangst.
Ohne dich
hängt sich Physik an meine Glieder,
spielt mich mit Schwerkraft und Wind.

Ich glaube für immer
an die Kluft zwischen uns…
Mit dir
entgleiten die Sterne.

Der Mann der Taucherin

Er hatte gewartet.
Verkrümmtes Rückgrat.
Ohren verschlossen vom Sand.
Spröde Lippen, ein B formend.
Sie brachte die Krone des Königs von Ys.

Kurze Freude, dass er stillhält.
Kurzes Staunen, dass er lebt.

Das Wasser, das uns gebar

An der Reling
hockt ein Flüchtiger, ein
karger
Mager-
süchtiger.
An dem Segel
hängt ein Floh. Krempelnde Wellen
unter uns, verschrumpelter,
krumm-kletternder Pegel, dieser
heimatlose Strom. Unter uns, schimmernde Quellen
unter uns, silberne Quellen,
tief ist das Wasser, das uns gebar.

Zappeln
in den Netzen,
erstarrende Gesichter,
tief ist das Wasser,
das uns gebar.

Krieg und Frieden

Ich ermorde jede Uhr,
jeden Fenstertropfen,
jeden Boten
im synaptischen Spalt,
um bei dir zu sein.

Wie Heimat ist das
Braun in deinen Augen,
wie vergessene Koronen der Sonne.

Gedicht über eine Lampe

Das ist, was die Lampe spürt:
Ketten, um den Hals geschnürt.
Ständig wird ihr kalt und heiß.
Und kein Mensch, der davon weiß:

Die geflickte Entität
ist – blind bezeichnet als Gerät –
bei allem, was man auf sie lädt,
auch immer das: Monstrosität.

Inventur einer Eidechse im Hochsommer

Hier ist es kühl,
dort ist es heiß.
Das ist alles,
was ich weiß.

Format

Am siebten Tage fand dich das Format.
Es sah, dass du müde warst.
„Ich werde dich strecken
wie Trommelfell, streichen wie Butter.“

Einmal wuchst du wie Bambus,
gierig und blind.

Der blinde Uhrmacher

Nach Sodom und Sintflut verlor er die Lust.
Zählte die Körper mit seufzender Brust:
Arme, Beine, je zwei an der Zahl;
ein Kopf, ein Rumpf, sechs Teile total.

Manches knackt, manches bricht, manches schreit.
Ein jedes strömt, wenn man es reißt.
Doch selbst um den Verfall ergänzt:
Die Art zu sterben blieb begrenzt.

Was lobte er Arachnoiden –
jedes Beinchen starb verschieden.
Auch machten die nicht so Gebärden,
als wär's ein Schlussakkord zu sterben.

Schließlich wollte er nicht mehr.
Er ging und kam nicht wieder her.
Niemals hätte er gedacht,
was Absenz aus Menschen macht.

Anweisung

Das ist die Tiefsee, hier bist du taub.

Hör auf, dich zu kratzen.

Atme langsam.

Warte ab.

Du sprichst nicht die Sprache des Meeres,

versuch es nicht.

Versuch nicht, mit Haien zu schwimmen.

Schau durch kein Fenster.

Wink keinem zu.

Du bist hier fremd.

Sie haben noch nie einen so ganzen Menschen gesehen.

Beschreibung der Nautilus

Beschreibung der Nautilus:

Man stellt sich einen Brunnen vor.

Doch ihr zu begegnen, Milchglassympathisantin,

spektralanalytisches Wunder – wen will sie noch verführen?

Dem Sog des Turboladers zu entkommen ist fast unmöglich für jeden Wolkenkopf,

des Turboladers, Captain Nemos schillerndem Spinnrad,

meine Mutter wurde Leutnant, als ich zwölf war.

Sie ist noch dort unten,

wandelnd in den feuchten Gängen,

im Magen der Einheitsbrei, die Mütze tief ins Gesicht gezogen,

damit der Glaube sich hält an den Einwegquerstrom, die Nimmerlandgutschrift,

ein Blendwerk nannten die Hellenen jenes Schiff, ein hohles Lustprinzip aus Porzellan,

ich nenne es schamlos, es war beteiligt an der Verstrahlung Napoleons

und ist in jedem Hintergrund Geräusch.

Waffenfähiges Uran

Vielleicht ist nichts hintergründiger als waffenfähiges Uran.
Es ist zum Beispiel nie bei Bratwurstständen,
aber stets dazu denkbar, im Kopfe,
und es ist sehr dezent im schaurig-schmuddeligen Herbst.
Die Blätter werden gelb und braun, zwei Bankarbeiter lieben sich im stillen Kämmerlein
des vierzehnten Stocks.
Aber nichts ist so still wie waffenfähiges Uran,
nichts ist so eisern, so unverstellt im Augenblick der Gefahr,
nichts ist so standhaft.

(Irgendwo im Norden sollen Trutzburgen stehen,
in die kein Laut vordringt, kein Schrei oder Lied,
aber waffenfähiges Uran ist trotzdem leiser,
sang- und klanglos wie ein Komet.)

Ruhm jenen Orten, an denen waffenfähiges Uran ist.
Doch keiner hält dort Türen auf, keiner holt Rum.
Waffenfähiges Uran ist wie ein Funkloch, an dessen Rändern der Rasen karg ist.
Bei den starren Pfützen im Winter
stürzt ein Bankarbeiter aus dem vierzehnten Stock und ist frei,
aber nichts ist so frei wie waffenfähiges Uran,
Schneeflocken gleich abseits des Neonlichts.
Kaum mehr als ein Schatten ist es, aus dem die Stellungnahme wird,
ein Traum voll schwüler Intensität.

(Es gibt Felsen, die aussehen wie Heiligtümer,
wenn nur der Blick stimmt.
Aber waffenfähiges Uran ist schwer zu erblicken,
wie ein Talisman am Herzen, nur im Dunkeln aktiv.)

Keine Bewegung

Hinterm Zaun im Nachbargarten
steht ein Hund, der Wache hält
und man wartet
und man wartet
und man wartet,
dass er

Alles hier ist ausgestopft.
Ewiger Ansatz.

Bei den Eichen von Mamre

Drei Männer erschienen bei den Eichen von Mamre,

sie waren der Herr.

Auch in der Szene:

Abram.

(Sara war unsichtbar im Zelt.)

Abram sprach: „Ich will dir dienen, Herr,

deine Begierden stillen,

dir Lämmer entreißen aus den Tiefen der Herde."

Der Herr war zufrieden.

„Dein Nachwuchs möge zahlreich sein,

wie Sterne am Himmel, Staub auf der Erde.

Allen Völkern wirst du ein Vater sein."

(Früher hatte Abram was mit einer Magd.

Das Produkt war Ismael.)

Der Herr verkündete:

„Sara wird ein Kind gebären,

Abram, heut in einem Jahr."

„Doch wir sind alt!" (Wirklich alt. Beide waren hochbetagt

und Sara erging es längst nicht mehr, wie es Frauen zu ergehen pflegt.)

Die Männer wurden zornig:

„Du wirst sie schwängern,

Vorfahr von Königen,

zähl den Sand am Meer vergeblich,

die Zahl reicht nicht für deine Erben."

Im Zelt.

Sara hatte alles belauscht.

Ihr Lachen verschlang Weltmeere,

im Jordan fiel ein Fischer in die Strömung und ertrank

und Jahrtausende später noch war ein Flüstern im Wind, das Saulus bekehrte,

sie, ein Kind gebären, sie lachte und lachte,

das Zelt wackelte,

Sara hatte faule Zähne und ledrig-schrumpelige Haut.

Gott steckte einen Kopf in das Zelt, dann den zweiten, dann den dritten, untereinander.

„Lachtest du?"

„Ich lachte nicht."

„Doch, du hast gelacht."

Im Kambrium explodierte das Leben.

Jeder noch so schräge Nachwuchs, jeder Freak,

war plötzlich eine Art.

Niemals wurde es verrückter.

Fossilien, die Erektionen auslösen,

Erklärungen, die zahlreich werden.

„Du wirst einen Sohn gebären, Isaak,

er wird der Vater von Esau und Jakob."

Romulus

I

Wir spielten Räuber und Gendarm;
im Garten wuchs die Pappel in die Einfassung.
Die Einfassung:
Der Hund blieb hier für immer.
Kein Platz mehr im Setzkasten.
Ein Foto war meine Kindheit war ein Foto.

Wenn die Trecker still standen,
und die Kadaver auf den Äckern
wie die Wäsche auf der Leine
gleichsam trockneten in der sengenden Sonne,
dann erschrak ich vor den abgepellten Rinden,
dem Riss im Asphalt,
denn ich war die Ergänzung dieser Dinge.

Ich lernte meine Kleider auszurichten
in günstigen Winkeln.
Ich lauschte dem Rauschen in den Muscheln
und konnte nicht glauben,
dass es meins war.

II

Abends fand ich einen Brunnen und steckte meinen Kopf hinein.
Dort unten,
in dem Gemäuer, das mich vollends umschloss,
vernahm ich ihr Rufen zum ersten Mal.

Eine Stimme zerrissen wie die See,
und ich stellte mir vor,
dass ich im Bauche eines Blauwals war,
meiner Mutter,
für die Ewigkeit verhüllt.

Doch es gab kein Leugnen
vor dem Ausmaß der Welt,
dem der Schlachthöfe
und Leitungen hinführend zu Orten ohne Strom,
und ich ging tiefer ins Land,
hinter die Grenze der Libellen und Regenwürmer.

Dort hörte ich es wieder: ein Jaulen,
wie die Schneise einer Klamm.
Ich schrieb meinen Namen in den Schnee und vergaß.

III

Ich war die Klaue des Waldes,
der Schrecken im Dickicht,
die gnadenlose Jagd.
Ich versenkte die Zähne
in die Adern meiner Opfer,
lauschte dem Pochen,
bis es verklang.

Lang war es her,
dass sie bei mir war
und mich wärmte, lange,
dass ich an ihrer Zitze saugte.
Milch und Verliebtsein,
in memoriam.

Im Sommer
trieb ich im Fluss und war glücklich.
Ich war dann eingenistet,
ohne Spuren,
selbstverständlich.
Ich wollte immer so sein,
nur Teil von einem großen Ganzen,
eines Baumes wogendes Geäst.
Es waren Jahre des Stillseins,
blutend und gut.

IV

„Dies ist meine Stadt",
erklärte ich. Doch niemand blieb bei seinem Grat,
der abgelöschten Glut,
dem Duft der Verwesung.

Diener der Lüste, allesamt,
verstohlen blickend auf Zäune und halbvergrabene Planen,
wartend auf das Maß an Verderbnis,
die nötige Schuld.
Ich konnte sie nicht lieben
wie sie mich geliebt hat,
ohne Text,
denn ich hatte die Züge eines Menschen,
ich musste gelesen werden,
bis ich verschwand.

Bald war ich wieder allein,
ich lag in der Sonne und traumte von Maden, die mich gierig fraßen,
ein Biest zu ihren Füßen,
doch wenn ich erwachte,
war ich geschlossen wie Granit.

Immer öfter nun
vernahm ich Dröhnen in den Tälern, hallend und kalt,
wie aus leeren, metallischen Kokons.
Ich strich über die Ufer
meiner Arme und Beine, voller Erregung,
und fand nur formloses Land.

V

Ich geh von hier fort.
Zu laut ist der Ruf aus den Tälern.
Ich hoffe, dass dort eine Öffnung ist,
eng und feucht vom Schmierfett,
eine Mangel, die mich formt,
mich und Milliarden,
es ist der Mangel an Beweisen
– nirgendwo sind Menschen.

Kehre ich wieder, kann uns nichts mehr trennen.
Wir werden im Zentrum von allem stehen,
abseits der Kanäle und Hochhäuser,
abseits der Wildnis.
Nichts wird mehr Tatort sein,
belanglos ist der Ursprung der Narben.

Kehre ich wieder, kann ich dich lieben
ohne Text.
Wir werden Tiere sein,
im Zentrum von allem,
für die Ewigkeit verhüllt.

Über dem Plätschern

Über dem Plätschern
verhalten sich Fenster zueinander
und Tiefgaragen sind waagerecht, auch wenn keiner schaut.
Land in Sicht, es ist das gleiche Weiß,
Styropor,
schwer entflammbar,
reglos wie ein Leichentuch.
Das Licht ist das Produkt der Lampe,
der Kreis hat die Fläche der größten Frequenz
– über dem Plätschern.

Über dem Plätschern
erkennt man Muster im Pflaster
und unbekannte Schalter erstrahlen vor Macht.
Hinter der Kurve beginnt es von Neuem,
zentrifugal,
Schwindel erregend,
drückend wie ein Hirntumor.
Der Rost ist die entblößte Schwäche,
der Rand ist die Strecke, die alles begrenzt
– über dem Plätschern.

Sinn

Du fliehst
vor Augen
ohne Sinn.

Du schießt dir
selbst in den Kopf
und es ist niemand drin.

Labyrinth

Weißt du noch,
der Wind, das Gras?
Damals waren sie Glück.
Doch du kehrst –
weiter wandelnd,
weiter jeden Sinn
auf Büsten stülpend
und jede Lust
im Labyrinth versteckend
und jedes Streben
als Straßen lang verstehend –
niemals hin zurück.

Des Ausgräbers Nachricht

Er stand vor der Festung,
in den Händen die Axt.
„Wo sind die Rohre?"

„Ohne Rohre ist das Obst ohne Schälchen,
ohne Rohre
ist das Land ohne Gut. Ohne Rohre
gibt es kein Mandala, kein Mosaik.
Du kannst nicht die Rohre nehmen."

Twist: Doch, konnte er.
Er war ein Ausgräber,
der Andere ein Geist.

Twist: Die Rohre waren überall.
Flüsterten Dinge zu.
Später fand man des Ausgräbers Nachricht:
„Er entriss mich dem Fortsatz,
dem Netz der Ventile,
zog mich ans Lichte, wo ich dürstend verging."

Abschied

Das Glühen wird Asche,
die Asche wird Staub.
Dein Wimpernschlag
fegt wie eine Abrissbirne
über das Grab. In meinen Händen
verrotten die Blumen.

IN DER BATTERIE

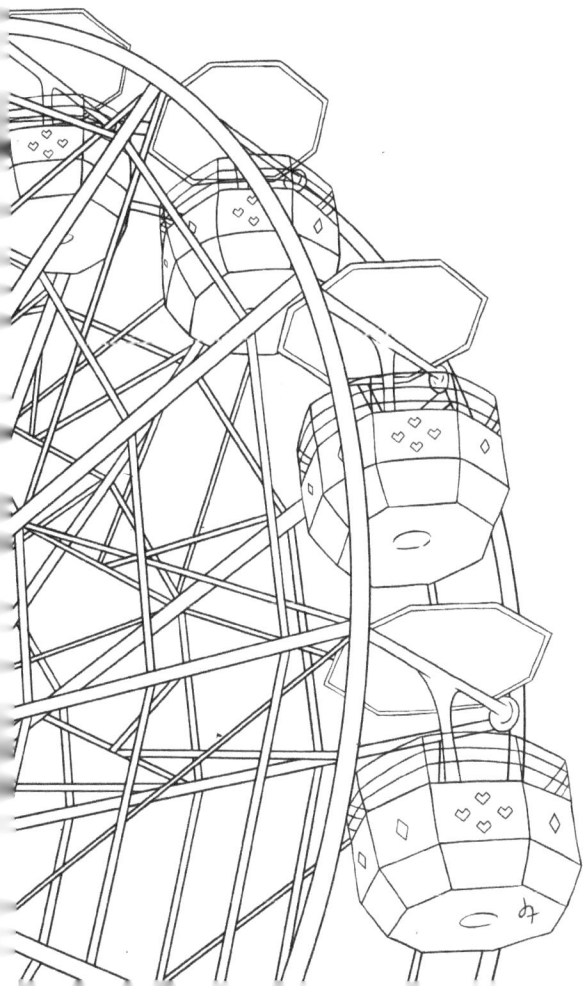

Nach der Übernahme

Die Sonne, durch die Verkleidung, scheint wohlig braun.
Wir sitzen im Schatten des Kranes
und kosten die Luft des Riesenrads,
ventilierend in der Ferne,
wo die Fragmente sind, unvereinbar.

Wir ließen sinken die Hämmer und Meißel
nach der Übernahme.
Bauplätze, die sich für Auserwählte hielten,
heute huldigen sie,
stemmen das Podest.

Keine Angst, das ist die Übernahme.
Dreht eure Heizung auf.
Diese Sphäre braucht keinen Ersatz,
lauft sie ruhig ab.
Es wird einmal Erben geben.

Es wird geklotzt

Es wird geklotzt
in den Häusern,
geklotzt und geklotzt. Blitz.
Graue, grüne, blaue Häuser.
Ockerfarben, windelweiß.

Heute ist mal
Spieglein, Spieglein.
Hosenträger.
Es wird geklotzt
in den Häusern, Hauruck.

Zack.
Quietschende Sohlen,
kräftige Hände,
ein Mann und ein Wort.
Es wird geklotzt
in den Häusern,
Hurra.

Krieg

Keinem Rohstoff auf der Welt
hat man mehr vertraut als Krieg.
In der Schaukel ist Krieg,
in der Drehtür ist Krieg,
in der immerzu rollenden Treppe ist Krieg.

Es knarrt nicht der Boden.
Die Akkus sind voll.
Ins Lager passen unters Dach
noch 13 Tonnen Holz.

Doch keine Bomben kommen
und kein Flackern,
eins, zwei, drei.
Kein Einschlag,
so tief wie der Graben,
so lang und so breit.

Sperrfeuer

Paarungstanz im Schützengraben, Vaterunser.
In den Gassen stehen Bären mit aufgeblähten Bäuchen.
Ein paar der Damen stricken noch
oben in den Fenstern
die alte Zeit.
Wasserhähne.
Ich bin Soldat und auch Liebender,
an Wellblechwänden warten die Regenschirme.
Sperrfeuer.
Hastige Träume auf den Treppen zurück:
Ein Körper nur für den Ruhm.
Ein unbewohnter Krater.
Die Hände in der Erde,
wenn sie aufgeht.
Daheim auf der Matratze liegend
entschlafe ich im Takt der Maschinen.

Ahoi, du wilde See

Heiz die Öfen,
du Schaufelnder,
und verzag!
Du mit den Schwielen,
du mit der schwarzen Lunge,
du Steuer hart Backbord für die Titanen aus Licht.

Glaub nicht,
was die Ratte dir sagte,
dass oben das Packeis sei.
Lausch dem Gelächter nicht.

Ruf „Ahoi" mit faulen Zähnen.
Ruf „Ahoi, du wilde See!"

Schema F

Das Lächeln teilt die Lippen.
Der Scheitel teilt den Schopf.
Die Hand fixiert die Bleistiftmine.
Ärmel, Kragen, Knopf.

Du wärst so gerne, Vorsicht Stufe,
permanent
kongruent.
Und nichts folgt auf das Schema F.
Ärmel, Kragen, Knopf.

Botschaft

Sie ist nicht für uns,
die Schnelle der Autobahn,
die Leistung des Akkus,
die Entfernung des Weisheitszahns.
Sie ist nicht für uns,
die unendliche Botschaft des niemals stoppenden Fließbands.

In der Batterie

Abgestellt in Batterien,
abgerichtet auf Benzin,
irre durch mehr Reiz als Sinn,
siechen die Erschaffer hin.

Die, die sich noch selbst erkennen,
rennen untereinander Rennen.
Zwischen Krampf und Raserei
stellt sie das System kurz frei.

Ein Uhrwerk, das vor Zeitdruck tickt.
Ein Schwein, das seinem Schlächter nickt.
Ein Fließband, das sich selbst entflieht.
Nichts will halten, alles zieht.
Mienen sind seit Jahren schief.
Ängste sitzen brunnentief.
Lasten scheuern Wunden auf.
Ärzte kleben Pflaster drauf.

Querfeldein

Ein Hoch auf alle Wunderköpfe,
Klatschhände, die zu den Sternen expandierende Richt-Skala,
wenn du das liest, dann bist du im Widerstand,
es lebe jedes Extra-Quäntchen, komm, mach das entscheidende Licht
im Fluchttunnel, wo die Ungehobelten kriechen,
die Schafe liegen tot auf der Weide,
feiern wir wie Heiden auf den Aufschichtungen,
küssen wir die Mehrwert-Erde,
befruchten wir uns gegenseitig in einem Überflügelrausch,
unendlicher Rückzug, querfeldein,
es gibt Stimmen hier, alt und dunkel, noch nicht entfacht.

Zehn Waggons

Es war ein Zug mit zehn Waggons.
Nummer eins war Urwald. Hier gab es Regen,
Augen im Dickicht,
Tod, Legenden vergessener Städte…

Zweiter Waggon.
Hier lagen Schrauben:
Schlossschrauben, Stiftschrauben, Stockschrauben.
Man lachte vor Glück.

Die Schätze wurden ins Dorf gebracht
und man verkündete: „Sehet! Die Knochen unsrer Ahnen!"
Es folgte ein Fest.
Frauen wurden schwanger
und der Morgen roch nach Öl und Schmierfett.

Machart

Ein Kiosk schließt das Aneinander der Straßen,
in die Rasen werden Löcher gebaut.
Zurück zum Konkreten
biegt sich der Rauch des Kraftwerks,
unter den Güterwägen applaudieren die Gleise.

Zeig mir deine Machart, Prägung,
deine Neigung zum Asphalt.
Nach dem Schlagen der Glocken,
was sollst du sein?

Von hier oben aus

Komm in meine Arme, Süßer.
Es geht auch der Traktorstrahl.
Jähes Glück im Moloch – Molochei.

Die Wartungszonen,
sie ziehen dich
wie Ketten
durch die Fadenkreuze der Überschall-Liebchen,
komm in das Mutterschiff,
komm, du Silber-Fischer
stromabwärts bei den Rädern, antriebslos und kalt.
Nero, der alles niederbrannte oder Johannes der Täufer,
begehbare Wege, von hier oben aus gesehen.

Von hier oben aus gesehen
trinkt Robin Hood nur sitzend seine Milch,
sind alle Farbenseher trunken,
und in den Lücken lodern fauchend die Leuchtfeuer.

Viertens

Erstens ist das nicht das Morgenland.
Zweitens nicht das Wechselbad, in dem Siegfried saß.
Drei, ab in deine Nische.
In den Tiefkühltruhen der Supermärkte gibt es allerfeinstes Fleisch,
und den Himmel zieren allerfeinste Kondensstreifen,
und die Ladezeiten der Häfen sind exzellent,
keine Ruckler.

Viertens schließen alle nebulösen Räume
wie halber Herkules, ungeteiltes Aua
und du wünschst dich ganz weit weg.

Endlich reden die Tintenfische

Endlich reden die Tintenfische.

Keiner hört zu.

Fairerweise ist es Winter und die Leute haben kalte Ohren.

Außerdem, bei ständigem Regen, da kickt man eine Dose von der Bordsteinkante,

man denkt an Markisen und Rabattmarken für zwei zum Preis von einem,

nicht daran, was Tintenfische wollen. Ob jetzt Krieg oder Frieden.

Oder vielleicht erzählen sie auch nur einen Witz.

Sie erobern Reklametafeln. Sinnlos

und sowieso ein ziemlich verdächtiges Manöver,

blicken doch selbst die Bananen von diesen Flächen so verschwörerisch runter,

als wären sie Mithäftlinge oder entfernte Verwandte.

Doch alles bleibt fair, auch der Entführer muss in der Leitung warten

und *Tintenfisch*, das klingt noch nicht mal nach Karibik,

nur nach Schall und Rauch und ungeheuerlichen Aktenschränken.

Schließlich punkten sie mit Buttons.

Die stehen für Wohnungsnot oder irgendwas Beliebiges,

jedenfalls sieht man die Muttermale der Tintenfische nicht

und im Grunde genommen geht es ja auch beim Schwertschlucker

weder um ihn noch ums Schwert, es geht um Ummantelung,

die will man haben, ob das jetzt Zuckerguss ist oder herzerwärmende Gedanken.

Demzufolge müsste das die Botschaft sein: Wir sind dehnbar.

IM SELBEN STROM

Heureka

Endlich das Froschufer,
Explosionen im Schilf,
wir springen aus dem Boot *Pinocchio*.
Heureka,
legen wir die Säbel nieder zu den Füßen
von Lustmolch und Luftikus,
den größten Lachnummern.
Tief geht der Blick des Nachtpfauenauges,
Echsen krächzen uns nach,
heute ist der Tag zum Werben.

Auf dem Ast sitzt eine Eule,
einst lockte sie den Schinderhannes
in ein unberührtes Meer,
jetzt kackt sie auf Köpfe, die zu vieles sahen.
Langsam geht der Mannschaftsgeist
und kommt der Rat. Langsam steigt der Nebel
auf und macht uns gediegener
wie ein Karpfen, der sich den Mund abputzt.
Wir sind keine Schlawiner mehr,
hier im Schlaraffenland sind wir kostbare Brut.

Eldorado

Hinter Eldorado musst du sein.
Du würdest sagen:
„Nein."
Du würdest sagen:
„Autobahn. Schraubstock."
Ich bin ewig auf der Suche nach dir.

Ich will uns häuten,
uns öffnen wie Knospen.
Hier ist mein Traum:
Einen Blick
sind wir verbunden.
Gleiche Narben.
Gleiche Wunden.
Ich bin ewig auf der Suche nach dir.

Unterholz

Wie die Tür,
die nicht quietscht,
funktionieren wir heimlich.
Es treffen sich Ecken im Unterholz.

Blicke wie Relais.
Worte wie Stecknadeln.
Es treffen sich Ecken im Unterholz.

Das Rücken der Möbel

Es ist zu hören
unter uns,
das Rücken der Möbel.

Wir sind das Spiel.
Wir sind nicht mehr als das Spiel.
Wir sind keine Geste mehr als das Spiel.

Stückwerk

Ich steh nicht hinter dieser Hecke.
Ich bin nicht dein Untertan.

Im selben Strom sind wir.
In backsteinroten Wäldern
erblicken wir, in guten wie in schlechten Zeiten,
dieselbe Fäulnis.

Ausgestreckte Hälse, sie ragen immer mehr heraus.
Die Lösung wartet
unter der ätzenden Erde,
dort sind wir Stückwerk.

Zwei Schwäne, ein schwarzer und ein weißer,
schnappen nach Fisch.

Gestrüpp

Wir sind verknotet,
sind Gestrüpp.

Die Kluft
zwischen uns
ist weder blau
noch grau,
sie ist.

Haftungsausschluss

In knietiefem Wasser,
selbst da trau mir nicht
übern Weg läuft eine Gouvernante.
Der Weg muss frei sein
am Tag des großen Fressens.
(Stand gestern in der Zeitung,
doch die liest ja keiner mehr.)
Micky Maus und Glücksbärchi
und wie sie alle heißen,
die sind – glaub ich – Karnivoren.

Oh ja, ich will dich blutig

Ich küss dich, wo die Fliegen sind, auf offenen Wunden.
Ich brauch nicht deiner Bemühungen letzte Figur,
ich brauch nicht deine Faust mit Rosen.
Ich brauch dich halbgar,
als Kreuzung im Nirgendwo,
du bist eine Augenweide, wenn du fast erloschen bist.

Oh ja, ich will dich blutig,
ich will dich leidend,
ich will dich sehr.

Guillotine

Hinter den Sandsäcken
wartet nur Wasser, nur Seetang, nur Tod.
Don Quijote hat kaum was gewusst vom Leben in den Feldern,
von den Purzelbäumen, den ganzen krummen Dingern, die keiner begradigt,
und nicht zuletzt von den reizenden Unfällen, Sonnenbränden,
Streichen, die niemand erfand.

Es kitzelt uns der gelbe Morgen
mit einem Schlachtmesser, wir suchen das Maß,
wir suchen die Tafeln und Hanswurst, den holden Performer.
Lass dich verzaubern vom Flair der Ähren, den Erhebungen diesseits des Zaunes,
alles ist friedlich hier und positioniert,
blick nicht hinaus.

Blütentraum

Als die Axt es köpfte
und das Huhn das Fliegen lernte,
blind und wild geworden flatternd,
da erkannte ich zum ersten Mal,
dass in manchem Schrecken auch Schönheit lag,
wie in entwurzelten Bäumen
oder zerbrochenen Fenstern alter Fabriken.

Später stand ich an einer Bowlingbahn.
Ich schwang die Kugeln und dachte,
dass das alles Köpfe seien,
geschoren vom Leben.
Das war, als wir viel zu viele Brombeeren aßen
und mulmig in den Himmel blickten,
ins tiefe Blau.

In den Büschen,
als der Habicht kam,
dort hockten die Hühner in Panik und Einklang,
liebenswerter als noch nicht zertretene Maulwurfshügel.
Ich fühlte die Strömung in Gartenschläuchen und drückte sie zu.
Vielleicht geschieht morgen der Blütentraum,
neue Äste wachsen in gewaltiger Pracht.

Blaue Wunder

Einweg,
all die Räuberleitern,
Schränke, in denen wir mal steckten, staubig.

Ein Nackedei entspringt dem Fluss und verwirrt uns,
morsch sind die Träger,
die Querschnitte,
einst fanden wir die Stimme in den Tiefen des Löschpapiers.

Im Gebüsch glotzt ein Grünschnabel,
lockere Seile,
wir wühlen durch den Rest der Tage,
zwischen Erbsen blaue Wunder suchend.

Noch ein großer Coup,
eine Kerbe noch,
im Morgentau versauert ein Frischling.

Außen

Im Wald sprießen schüchtern die Pilze.
Kalt steht er da.
Am Rand, vor dem kahlen Strich der Straße,
wachsen Brennnesseln wie Ohrenhaare.

Die Uhr schlägt zwölf Mal.
Figuren am Trapez,
erkämpft vor entschwindendem Publikum.
Das, was wir sind. Das, was wir sind.

Ein Scheinwerfer geht zu weit:
sonnenblumenhafte Schemen, ein ungeheuerlicher Lorbeerstrauch.
Wir schweigen uns aus in den Nestern,
wie herrenlos erwächst das Rauschen und versinkt.

Wunderland

Rückkehr
über Kletterpflanzen,
venezianische Kanäle,
Plunder, den wir Mondstaub tauften.
Rückkehr zum Docht,
Rückkehr zu Bodenproben, Schubladen, Biografien.
Heiligkeit ist eine sich ewig begegnende Arbeit.
Wenn ich Späne zeig, sei sanft zu mir.

Dann, wenn wir ruhen,
im Stecklingfelde liegend,
geht es zurück dorthin. Ins Wunderland.
Goldene Gondeln, glitzernde Ränder,
wir lieben uns
im mühsam gebetteten Schlaf.

Was gesagt werden muss

Wir ergreifen mit Topflappen den geweihtesten Altar.
Es ist puppenstubenscheu,
was gemerkt werden muss,
was gesagt werden muss,
damit die lang vermisste Aphrodite wieder aus dem Schaume tritt.

Ich fühle mich dem Rhein verbunden
und der Festung am Wald.
Du spuckst noch mit Kernen im großen Gemüsegarten,
spielst mit dem Husky,
trittst ein in wärmeverstauende Zimmer –
dazwischen sind wir, gejagt von Schatten alter Kathedralen,
dazwischen sind wir, belagerungsstill.
Wir warten noch auf Flaschenpost aus elysischen Gefilden.

Beim Kämmen der Dornen
gelangen wir zu himmelfreischaufelnden Anhöhen,
den Ariadnefaden haltend,
und fragen uns, wie viel weiter das Land noch geht,
ob es unseren Segen hat.

Trauminventur

Ich träumte von Riesenrädern, Kegelbahnen,
Booten, die im Hafen schwanken
und nicht zuletzt: auch von Menschen
– ihren Farbverläufen,
ihrer unfassbaren Wirkung,
wenn alles ausgehoben scheint.

Das hier war dein größter Traum:
Du liefst nach draußen in schwüler Nacht,
auf den Straßen schliefen Menschen,
sie trugen Trachten und Kleider und Anzüge.
Du legtest dich hin. Du spürtest:
Jedes Leben ist Tragödie. Jedes für sich.
Jedes Glut, die hinter Milchglas bleibt.
Dann schliefst du ein.
In jener Nacht floss der Asphalt durch euch.

Vielleicht, nach der Zeit des Träumens,
bauen wir Denkmäler.
Mitten in Mauern und Zäune,
in alles, was trennt.

Der Flug der Wildgänse

Mit den Wildgänsen sein
in sich wirr durchkreuzenden Strömen.
Mit den Wildgänsen sein,
spurlos und stolz.

Mit den Wildgänsen sein:
Das Herz wird eine Knospe
und das Land wird neu –
Bahnhof, Böschung, Bach,
alles Rand.

Dieser Traum,
er überfällt wie manch Regenschauer,
plötzlicher Pinselstrich,
Treibholz.
Dieser Traum ist so rot wie die Sonne,
so alt wie die Arche.

Frei zu sein, nur ein paar schicksalhafte Jahre lang,
die echten Barrikaden sehen,
das Laub, das niemals geht
und den Stein, der rollt und segnet.

Stimmt es, dass auch die Wildgänse schlüpften,
schwächlich und nass,
dass sie dachten, dies sei schon ihr Wunder?
Das Weiß über ihnen,
besaß es die Wirkmacht verborgener Höhen?

Elfenbein

Welke Blätter, die in Schneehaufen liegen.
Das könnten wir sein, wenn noch ein paar Mal der Sturm kommt.
Wir sollten uns richten nach unseren besten Schuhen,   .
zu feiner Gesellschaft stoßen und von Elfenbein reden.
Wir sollten wie Pilger sein und gründlich wandern,
wohlgesinnt, bereit sein zum Gruße, kundig und kühn.
Nach vielen Schildern kommt plötzlich keins mehr.
Man kehrt nicht zurück, wenn man zu weit ins Meer schwimmt.
So vieles zeigt sich, wenn das Licht bloß scheint:
Schnittmuster, Kerben, ein Weg ins Land.

INHALT

Milton Keynes UK
Ingram Content Group UK Ltd.
UKHW020802080823
426520UK00015B/609